국어야 놀자

하나

국어야 놀자

하나

포충망

다람쥐

★ 아래 글씨를 보고 이름을 익히고 써 보세요.

병	아	리

바	둑	이

어	미	닭

다	람	쥐

★ 토끼가 놀이터로 가려고 합니다. 늑대를 피해서 갈 수 있는
바른 길을 안내해 주세요.

★ 다음 글자를 보기와 같이 낱말이 되게 선으로 연결하세요.

보기	다리 가지 라면 나무

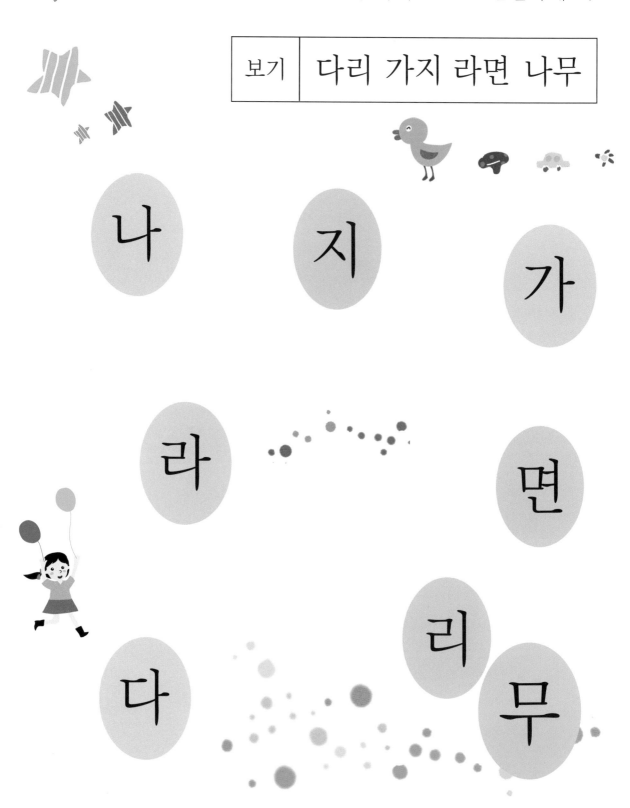

나
지
가
라
면
다
리
무

★ '가, 나, 다' 가 들어간 낱말을 따라 읽고 써 보세요.

가	지

나	무

다	리

리	본

☆ '가, 나, 다'가 들어간 낱말에 O표를 하고 따라 써 보세요.

가	방	

신	발	

나	비	

포	도	

| 다 | 리 | 미 |

| 새 | 우 |

| 라 | 면 |

| 마 | 늘 |

★ 'ㄱ, ㄴ, ㄷ, ㄹ'이 들어간 낱말을 읽고 따라 써 보세요.

ㄱ	ㄱ
ㄴ	ㄴ

고	추

누	나

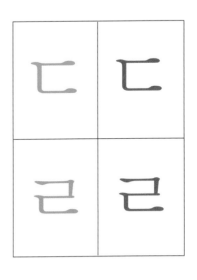

ㄷ	ㄷ
ㄹ	ㄹ

다	섯

레	몬

★ 서로 맞은 것끼리 선으로 연결하고 따라 써 보세요.

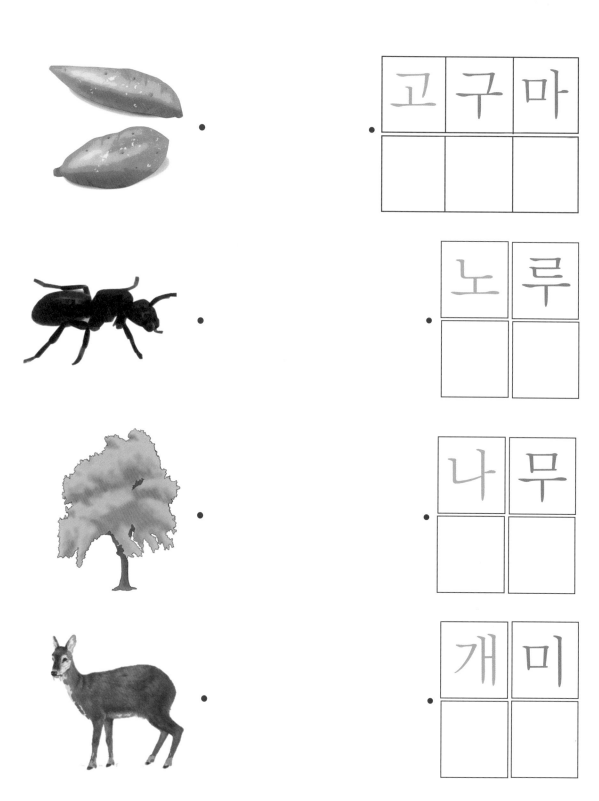

고	구	마

노	루

나	무

개	미

★ 서로 맞은 것끼리 선으로 연결하고 따라 써 보세요.

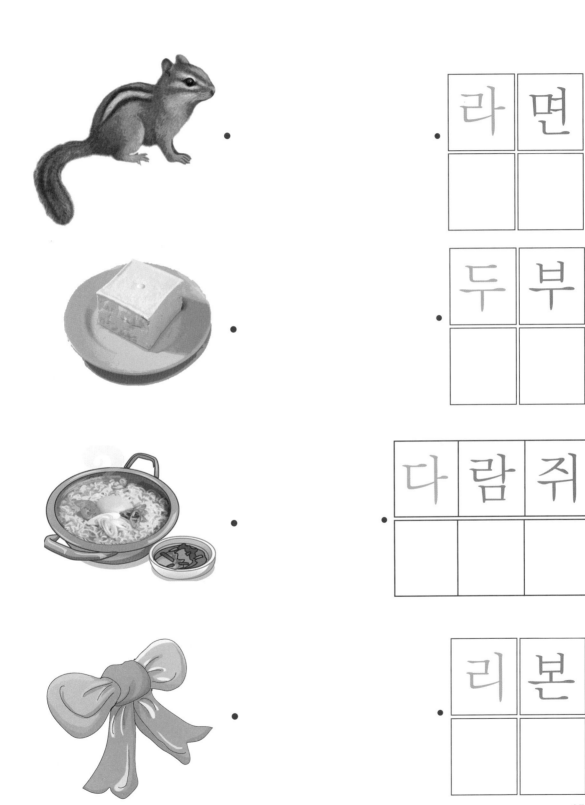

라면

두부

다람쥐

리본

☆ 영수가 나비를 잡으려고 합니다. 나비는 어디에 앉을까요?

축구공

사탕

가방

바나나

수박

우산

나비

사자

꽃

★ 아래 어린이는 어디로 가야 하나요. 선으로 연결해 보세요.

★ 같은 글자가 들어간 낱말끼리 선으로 연결해 보세요.

구 두

낙 타

낙 지

다섯

다 리

구 름

★ 그림과 알맞은 낱말을 선으로 연결하고 따라 써 보세요.

 •

•

 •

•

 •

•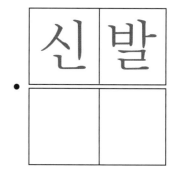

 •

• 피아노

⭐ 이런 날씨에는 어떤 옷을 입어야 하나 선으로 연결해 보세요.

 •

•

 •

•

 •

•

✪ 다음 글자를 보기와 같은 낱말이 되게 선으로 연결하세요.

보기	마술 가지 사탕 아기

☆ '마, 바, 사, 아' 가 들어간 낱말을 읽고 따라 써 보세요.

마	당

바	지

사	탕

아	기

★ 그림과 알맞은 낱말과 선으로 연결하고 따라 써 보세요.

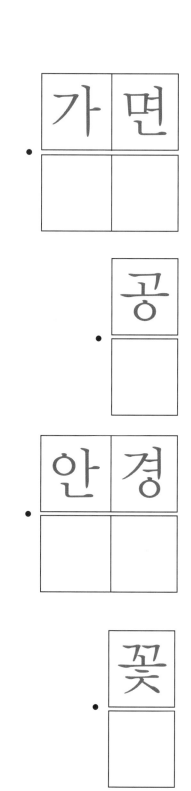

★ 그림과 알맞은 낱말과 선으로 연결하고 따라 써 보세요.

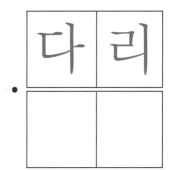
다 리

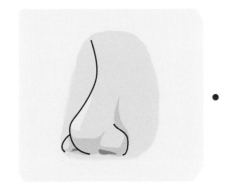

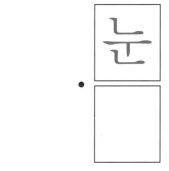
눈

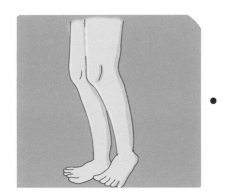

얼 굴

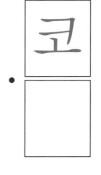
코

★ 우리몸에 알맞은 낱말과 선으로 연결하고 따라 써 보세요.

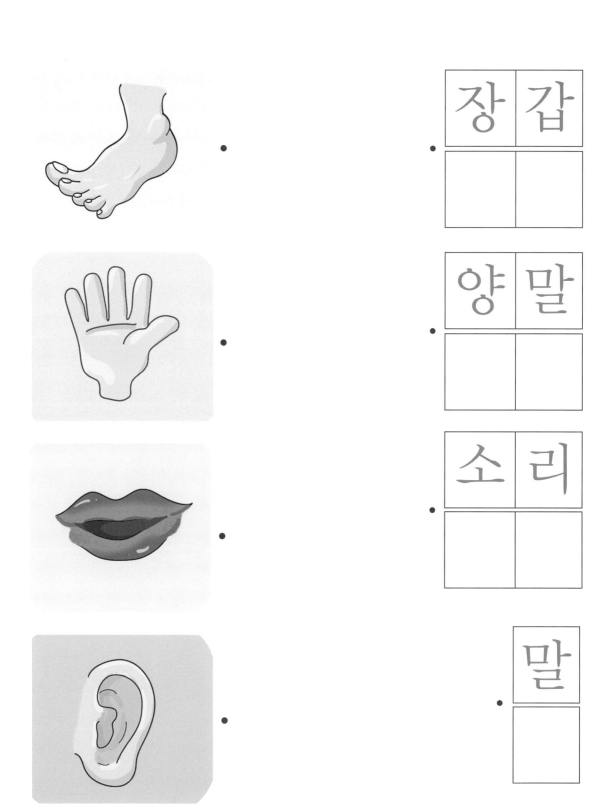

장	갑

양	말

소	리

말

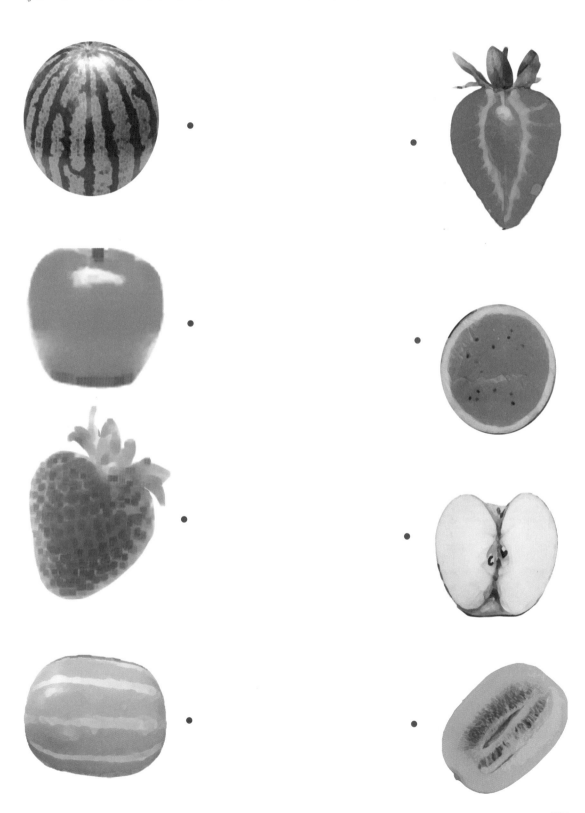

⭐ 같은 글자가 들어간 낱말끼리 선으로 연결해 보세요.

누 나

미나리

두루미

나 비

만 두

두 부

★ 같은 글자가 들어간 낱말끼리 선으로 연결해 보세요.

공책

비누

교실

실내화

도깨비

책상

29

개구리

다 리

우 유

잠 자 리

유 리

모 가

병아리

토 끼

도토리

무

아 기

사 자

바 구 니

☆ 'ㅁ, ㅂ, ㅅ, ㅇ'을 찾아 보세요.

⭐ 낱말을 읽고 'ㅁ, ㅂ, ㅅ, ㅇ'자를 따라 써 보세요.

ㅁ	ㅁ
ㅂ	ㅂ

마	늘

버	섯

ㅅ	ㅅ
ㅇ	ㅇ

사	슴

우	산

⭐ '마, 바, 사'로 시작하는 낱말에 O표를 하고 따라 써 보세요.

바 나 나

바 지

마 늘

사 탕

바 늘

사 슴

아 기

모 자

★ 아래 동물이 좋아하는 먹이에 선으로 연결하고 따라 써 보세요.

★ '리' 자가 들어간 낱말입니다. 천천히 읽고 따라 써 보세요.

다	리

유	리

도	토	리

잠	자	리

37

⭐ 알맞은 그림과 글을 연결하고 따라 써 보세요.

동	생

아	빠

엄	마

케	이	크

개	나	리

봄

개	구	리

진	달	래

⭐ 다음 글자를 낱말이 되게 선으로 연결하세요.

| 보기 | 자두 차표 카드 타올 |

차

올

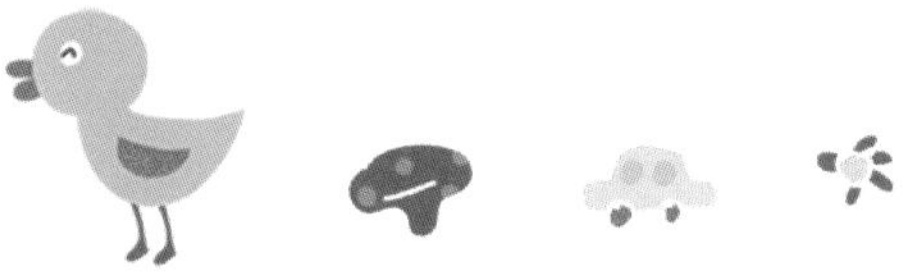

자

표

드

카

두

타

무

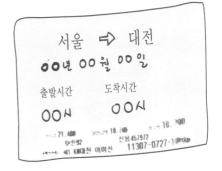

자 두

차 표

카 드

타 올

43

'ㅈ, ㅊ, ㅌ, ㅋ'을 찾아 보세요.

★ 낱말을 읽고 'ㅈ,ㅊ,ㅋ,ㅌ'자를 바로 써 보세요.

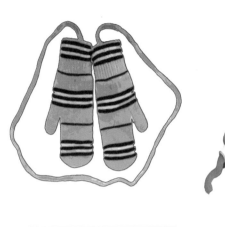

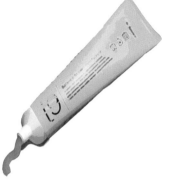

ㅈ	ㅈ
ㅊ	ㅊ

장	갑

치	약

ㅋ	ㅋ
ㅌ	ㅌ

초	콜	릿

타	올

45

☆ 'ㅈ, ㅊ, ㅋ, ㅌ'자가 들어간 낱말에 O표를 하고 따라 써 보세요.

자	두	

우	산	

초	콜	릿	

치	즈	

타	이	어	

커	텐	

야	구	

치	마	

해	수	욕	장

구	름

아	기

파	라	솔

가을입니다-
무엇이 보이나요

감나무

곶감

고추

잠자리

마당

⭐ 앞에서 본 그림입니다. 예쁘게 따라 써 보세요.

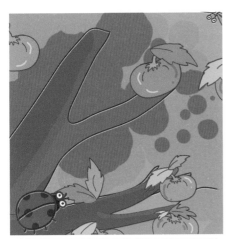

감	나	무

곶	감

잠	자	리

고	추

겨울입니다-
무엇이 보이나요

귀마개

썰매

털모자

눈사람

⭐ 앞에서 본 그림입니다. 예쁘게 따라 써 보세요.

털	모	자

썰	매

귀	마	개

눈	사	람

★ 다음 글자를 낱말이 되게 선으로 연결하세요.

| 보기 | 파리 하마 |

하

파

리

마

무

하	늘

포	도

하	마

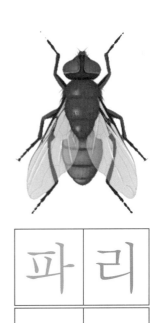

파	리

★ '<u>ㅍ</u>, <u>ㅎ</u>'을 찾아 보세요.

★ 낱말을 읽고 '프, ㅎ'자를 바로 써 보세요.

프	프
ㅎ	ㅎ

풍선

하늘

프	프
ㅎ	ㅎ

파도

호박

옛날에 한 임금님이 있었는데, 뭐든지 나와라 하면 나오는 맷돌을 가지고 있다는 소문이 돌았어요. 이 소문을 들은 도둑이 몰래 궁궐에 들어가 이 맷돌을 훔쳐 가지고 왔어요.

도둑은 이 맷돌을 가지고 먼 바다로 나가 맷돌이 정말 무엇이든 나오나 보려고 '소금 나와라' 하니 소금이 쏟아져 나와 금방 배에 넘쳐 배가 가라앉고 말았습니다.

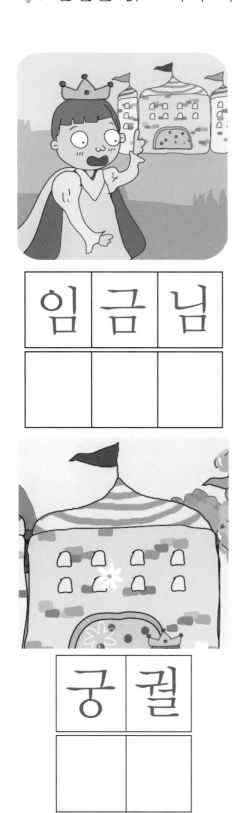

임	금	님

궁	궐

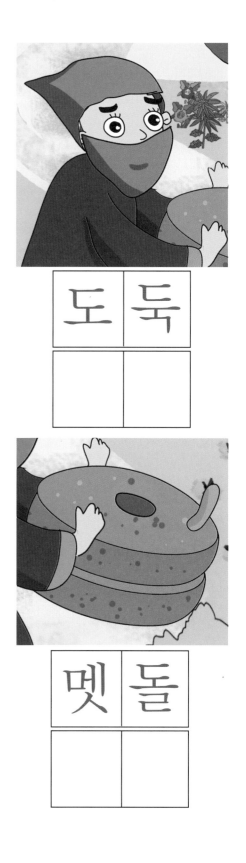

도	둑

멧	돌

부	자

바	다

옛	날

소	금

엄마가 들려주는 옛이야기-
욕심 많은 강아지

강아지 한 마리가 고기를
물고 통나무 다리를 건너
다 다리밑에 개 한 마리가
커다란 고기를 물고 있는
것을 보았어요.

욕심이 생긴 개는 그 고기를 뺏으려고 짖는 순간 물고 있던 고기를 물 속에 떨어뜨리고 말았어요.

시	골

강	아	지

고	기

통	나	무

시	골	길

건	너	다

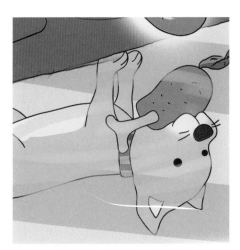

욕	심

개	울	물

두 남매가 할머니와 같이 살았었지. 할머니는 고개 너머 마을
에 떡을 만들어 팔아 살았어요. 그날도 고개 너머 마을에 떡을
팔고 돌아오는 길에 호랑이를 만났어요. 호랑이는 할머니에게

'떡 하나 주면 안 잡아먹지' 하자 할머니는 떡 하나를 주고 또 주고 하다 결국 호랑이에게 잡혀 먹혔어요. 그리고 호랑이는 집에까지 와서 두 남매를 잡아 먹으려다 집 뒤의 옥수수 나무에 찔려 죽었다는 이야기입니다.

⭐ 아래 낱말을 예쁘게 따라 써 보세요.

할	머	니

호	랑	이

바	위

산	골

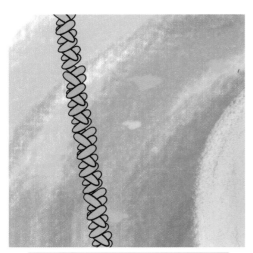

동	아	줄

오	누	이

썩	은	줄

꽃	밭

거   루

두   무

나   울

노   부

★ 아래에서 같은 자음이 들어간 글자를 서로 선으로 연결해 보세요.

ㄱ ㄴ ㄷ ㄹ

러 고 두 나

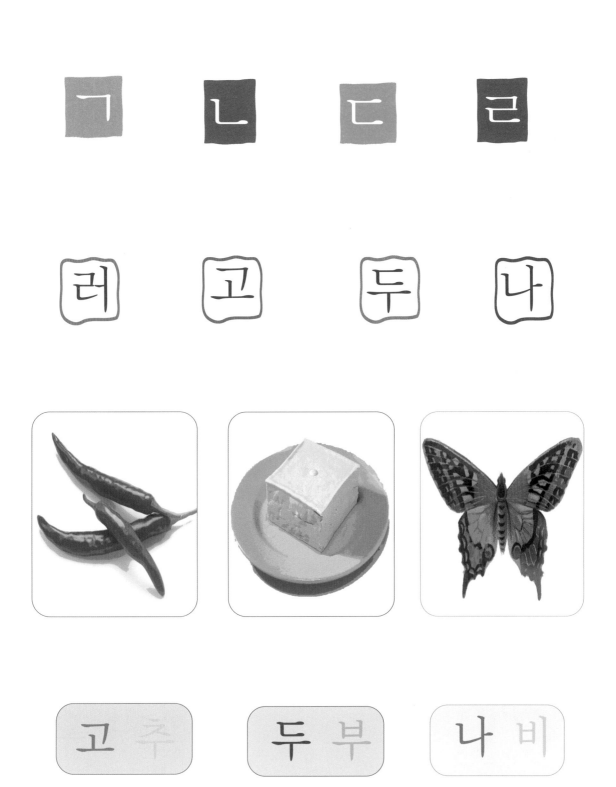

고추 두부 나비

☆ '가, 거, 고, 구, 그, 기' 가 들어간 낱말을 그림과 연결해 보세요.

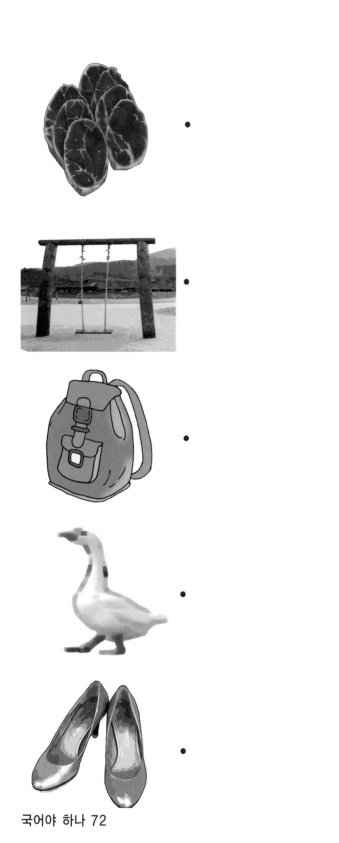

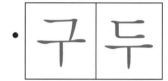

그네

구두

고기

가방

거위

노 루

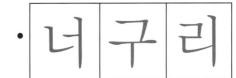

너 구 리

나 무

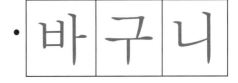

바 구 니

누 나

★ 같은 글자가 들어간 낱말끼리 선으로 연결해 보세요.

아 침

야 자

아기곰

아 빠

야 구

아저씨

☆ 아래 빈칸의 낱말을 따라 쓰고 읽어 보세요.

아	기

아	버	지

어	깨

어	망

★ 그림과 맞게 연결하여 낱말을 만들어 보세요.

바   자

모   름

오   지

어   이

★ 아래에서 같은 자음이 들어간 글자를 선으로 연결해 보세요.

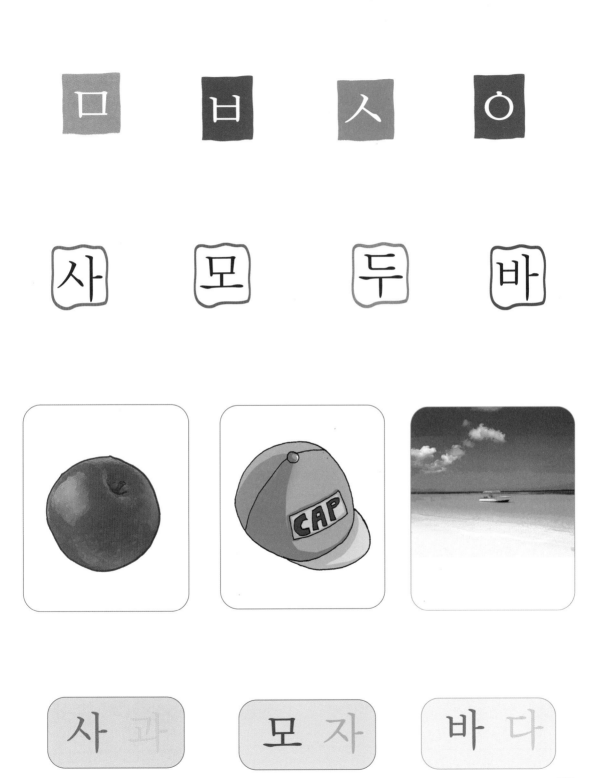

ㅁ ㅂ ㅅ ㅇ

사 모 두 바

사 과   모 자   바 다

★ 큰 그림 안에서 아래 작은 그림을 찾아 보세요.

★ 아래 빈칸의 낱말을 읽고 따라 써 보세요.

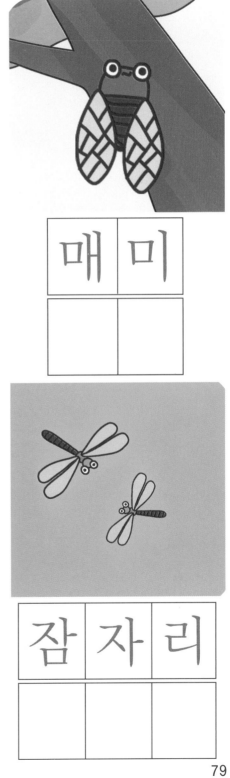

꿀	벌

매	미

나	비

잠	자	리

★ '다, 도, 두'가 들어간 낱말을 선으로 그림과 연결해 보세요.

   · · 구 두

   · · 두 부

   · · 도 토 리

   · · 다 리 미

   · · 수 도 꼭 지

☆ '라, 로, 루, 리' 가 들어간 낱말을 선으로 그림과 연결해 보세요.

★ 아래 빈칸의 낱말을 읽고 따라 써 보세요.

소	방	차

구	급	차

불

구	조	원

경	찰	차

소	방	관

경	찰	관

구	경	꾼

★ 그림과 맞게 연결하여 낱말을 만들어 보세요.

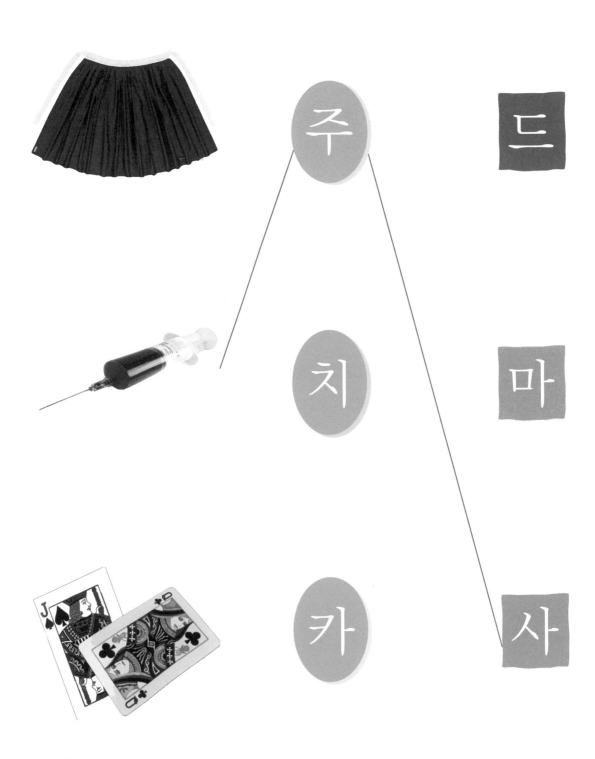

★ 아래에서 같은 자음이 들어간 글자를 선으로 연결해 보세요.

ㅈ　ㅊ　ㅋ　ㅌ

커　자　채　나

커튼　　자두　　채소

⭐ 다음 동물이 좋아하는 먹이를 선으로 연결하세요.

★ 아래 빈칸의 낱말을 따라 쓰고 읽어 보세요.

어	망

어	깨

여	우

여	치

☆ '마, 머, 모, 무, 미'가 들어간 낱말을 그림과 연결해 보세요.

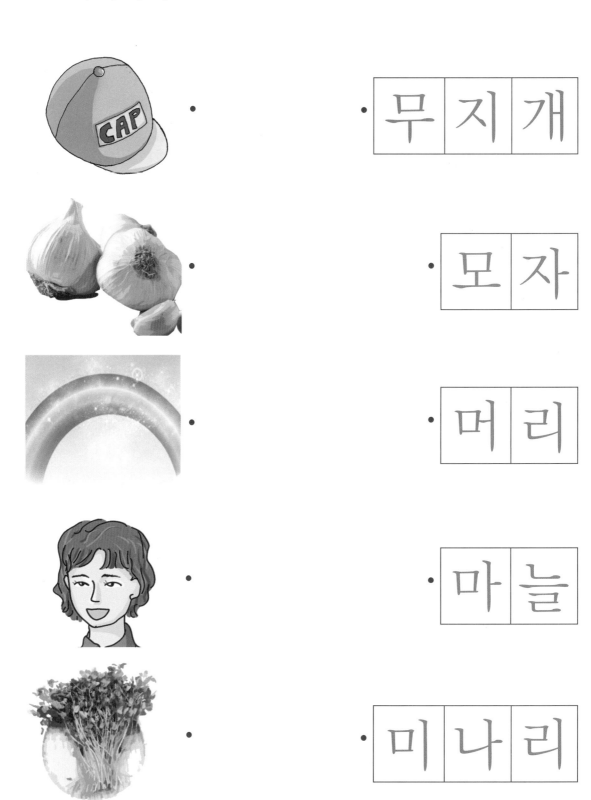

무지개

모자

머리

마늘

미나리

☆ '바, 버, 보, 부, 비' 가 들어간 낱말을 그림과 연결해 보세요.

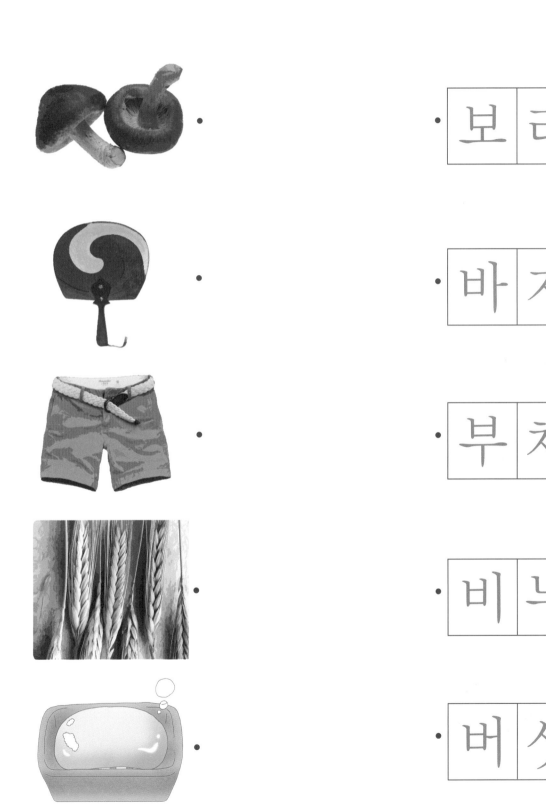

보리

바지

부채

비누

버섯

★ 그림과 맞게 연결하여 낱말을 만들어 보세요.

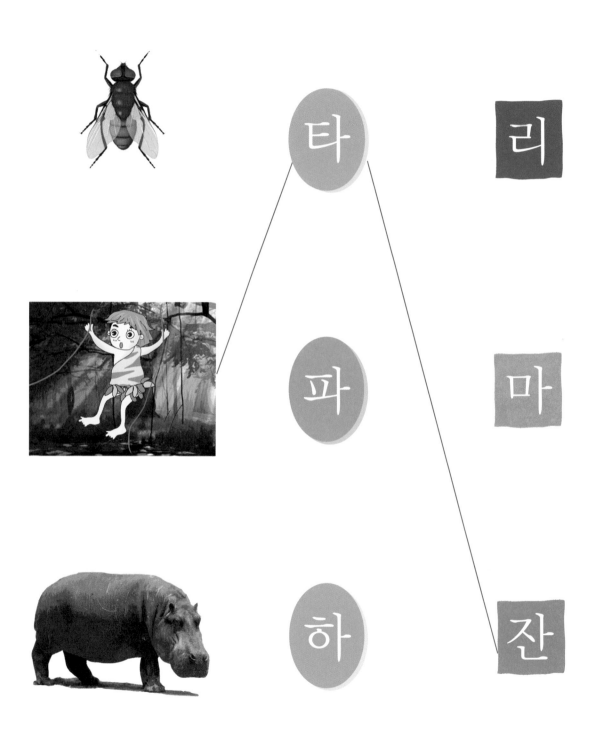

타　　리

파　　마

하　　잔

★아래에서 같은 자음이 들어간 글자를 서로 선으로 연결해 보세요.

호박   타조   풍선

⭐ 사다리를 따라가 맞은 이름에 O표를 하세요,

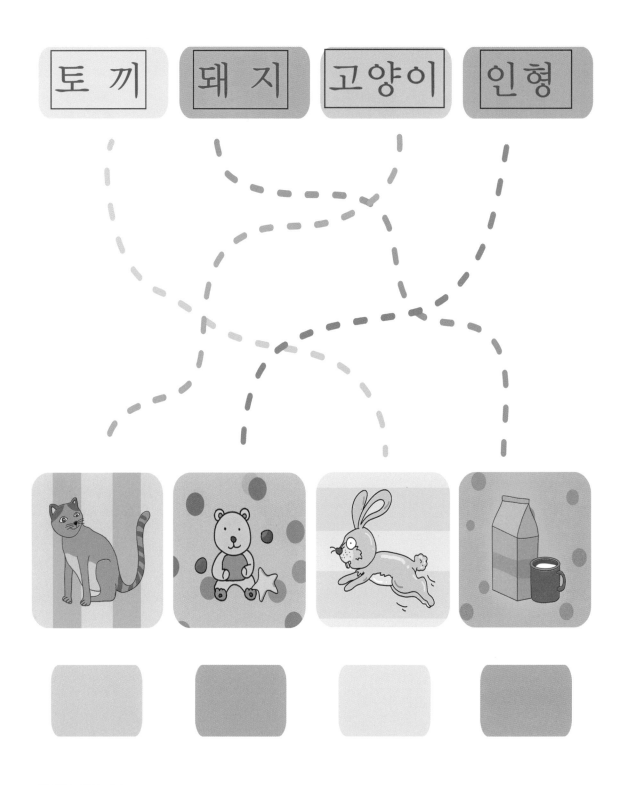

★ 아래 빈칸의 낱말을 따라 쓰고 읽어 보세요.

토	끼

고	양	이

우	유

인	형

★ '사, 소, 수, 시'가 들어간 낱말을 그림과 연결해 보세요.

시 소

사 과

수 건

소 라

사 슴

★ '아, 어, 오, 우, 이' 가 들어간 낱말을 그림과 연결해 보세요.

오	이

우	산

이	불

아	기

어	깨

⭐ 같은 글자가 들어간 낱말끼리 선으로 연결해 보세요.

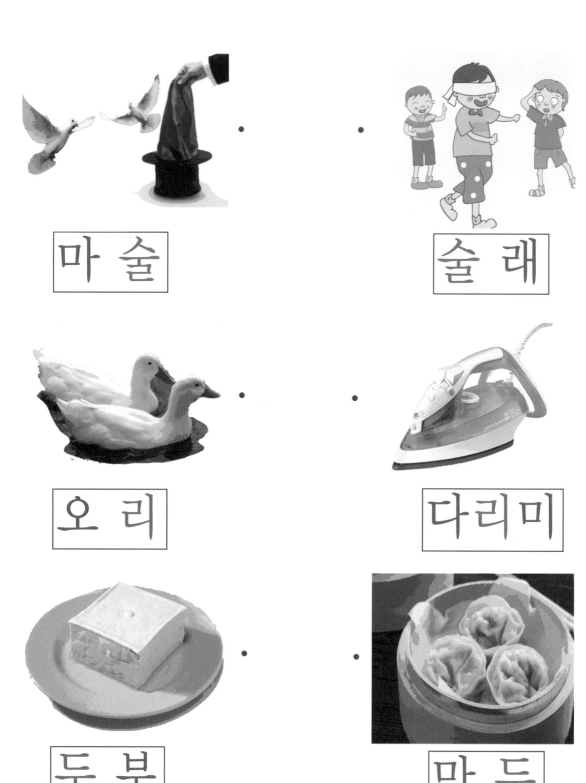

마술

술래

오리

다리미

두부

만두

☆ 아래 낱말을 예쁘게 따라 써 보세요.

요	술

다	리	미

만	두

술	래

★ 다람이가 그림책에서 본 것입니다. 그림을 보고 알맞은 글자를 써 넣어 주세요.

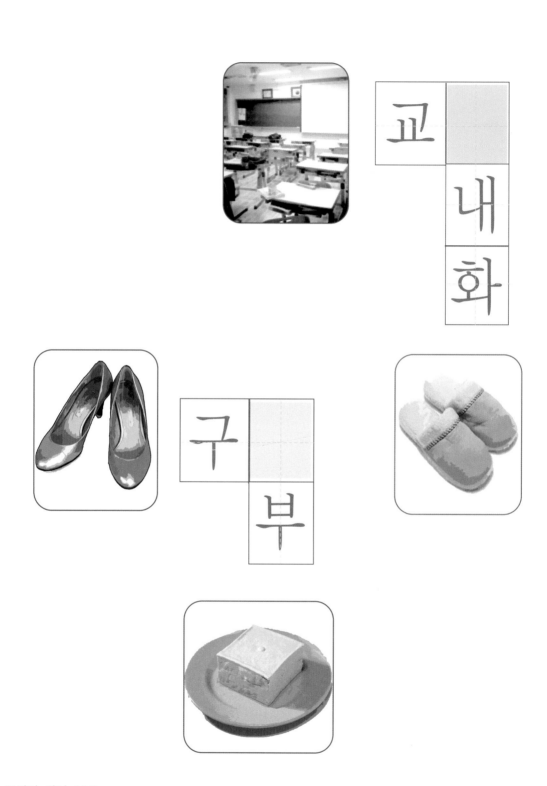

교	
	내
	화

구	
	부

101

⭐ 왼쪽에 표시한 수와 오른쪽 그림이 맞게 선으로 연결하세요.

★ 왼쪽에 표시한 수와 오른쪽 그림이 맞게 선으로 연결하세요.

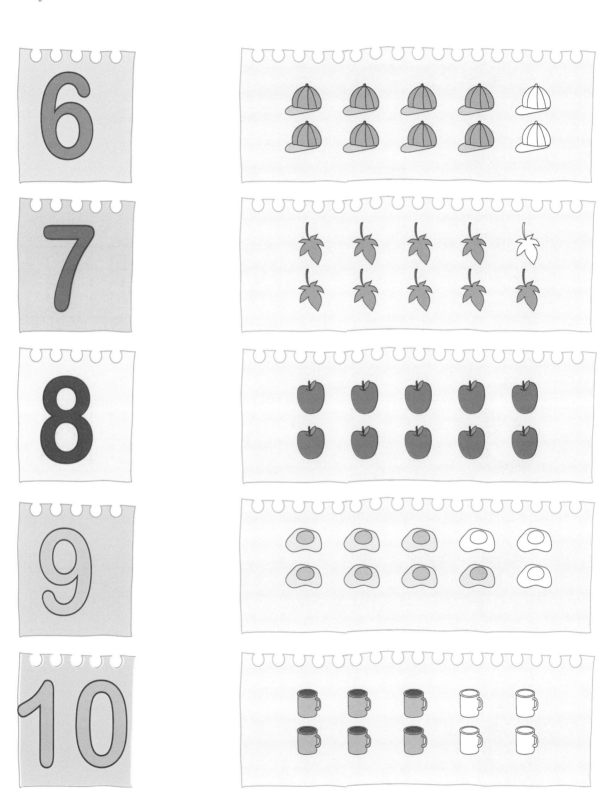

★ 서로 맞은 것끼리 선으로 연결하여 보세요.

1 · · 삼 또는 셋

2 · · 일 또는 하나

3 · · 오 또는 다섯

4 · · 이 또는 둘

5 · · 사 또는 넷

★ 서로 맞은 것끼리 선으로 연결하여 보세요.

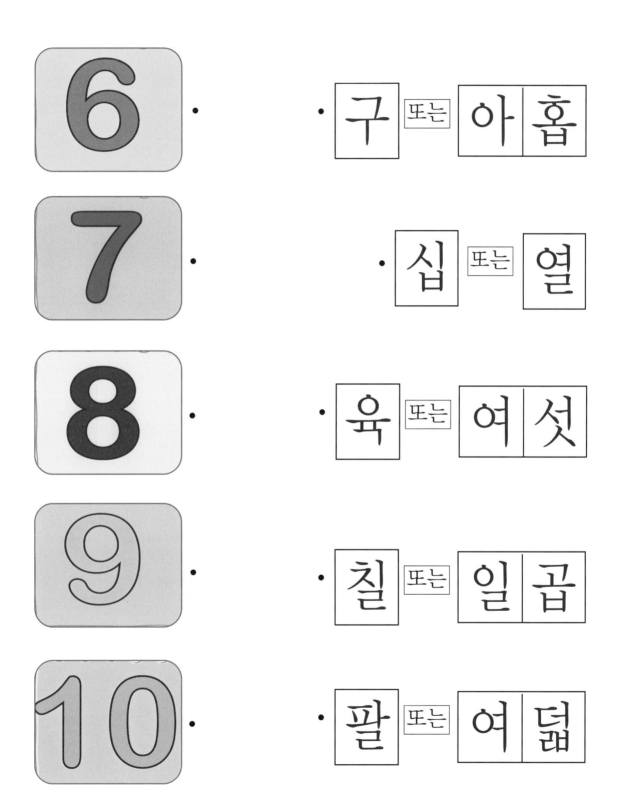

☆ '자, 저, 조, 주, 지' 가 들어간 낱말을 선으로 그림과 연결해 보세요.

 ·

 ·

 ·

 ·

 ·

· | 자 | 두 |

· | 주 | 전 | 자 |

· | 조 | 개 |

· | 지 | 우 | 개 |

· | 저 | 울 |

★ '차, 초, 추, 치'가 들어간 낱말을 선으로 그림과 연결해 보세요.

치즈

차표

김치

초

추석

동생

풍선

광대

가족

★ 아래 빈칸의 낱말을 따라 쓰고 읽어 보세요.

떡	뵤	이

어	린	이

형

놀	이	기	구

가	족

풍	선

동	생

광	대

⭐다람이가 그림책에서 본 것입니다. 그림을 보고 빈칸에
알맞은 글자를 써 넣어 주세요.

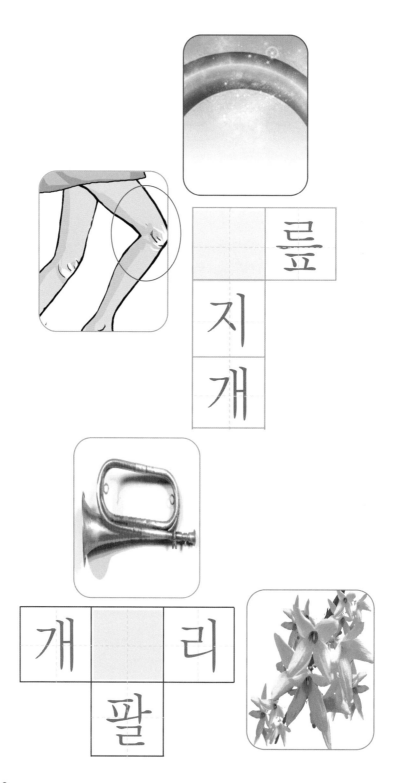

★ '카, 커, 코, 크' 가 들어간 낱말을 그림과 연결해 보세요.

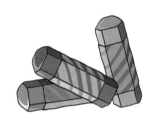 ·

·  커 텐

 ·

·  포 크

 ·

· 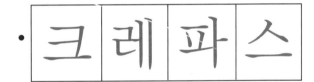 크 레 파 스

 ·

· 카 드

 ·

· 코 끼 리

113

치

술

제

두 꺼

자

부

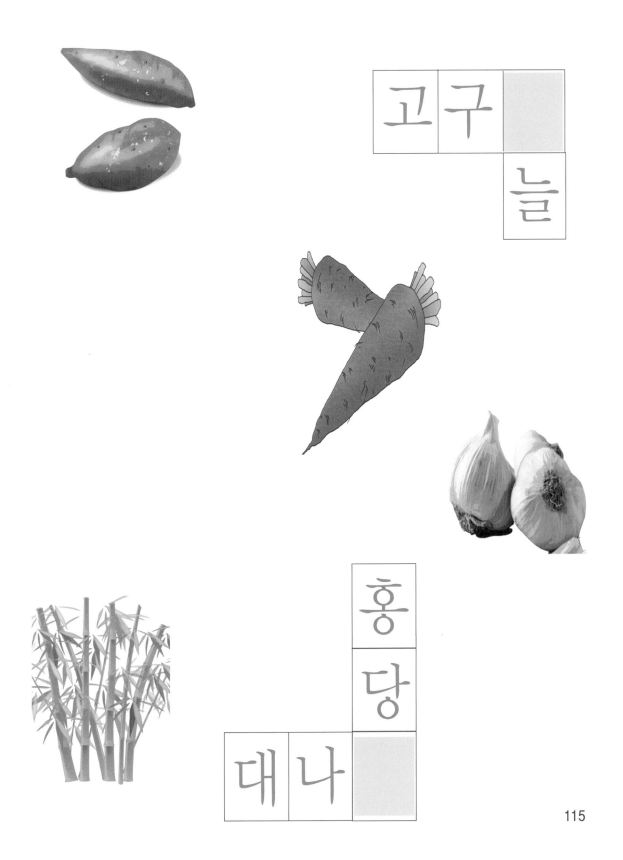

고구 ☐

늘

홍

당

대나 ☐

115

★ '파,퍼,포,피' 가 들어간 낱말을 선으로 그림과 연결해 보세요.

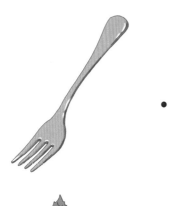

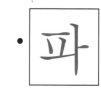

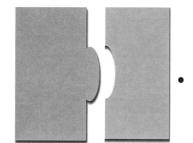

☆ '타, 터, 토, 티' 가 들어간 낱말을 선으로 그림과 연결해 보세요.

 ·

·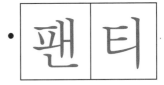

 ·

·

 ·

·

 ·

·

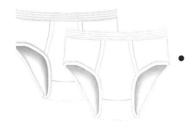 ·

· 토끼

★ 아래 빈칸에 알맞은 글자를 보기에서 찾아 써 보세요.

가

미

다

보

보리 가지 거미 가구 다리 나비 누나 모기

지 　　모

비 　　누

★ '하, 허, 호'가 들어간 낱말을 선으로 그림과 연결해 보세요.

   ·   · 하 마

   ·   · 허 수 아 비

   ·   · 호 두

   ·   · 호 박

   · 하 늘 소

★ 자음과 모음을 선으로 이어 아래 낱말을 만들어 보세요.

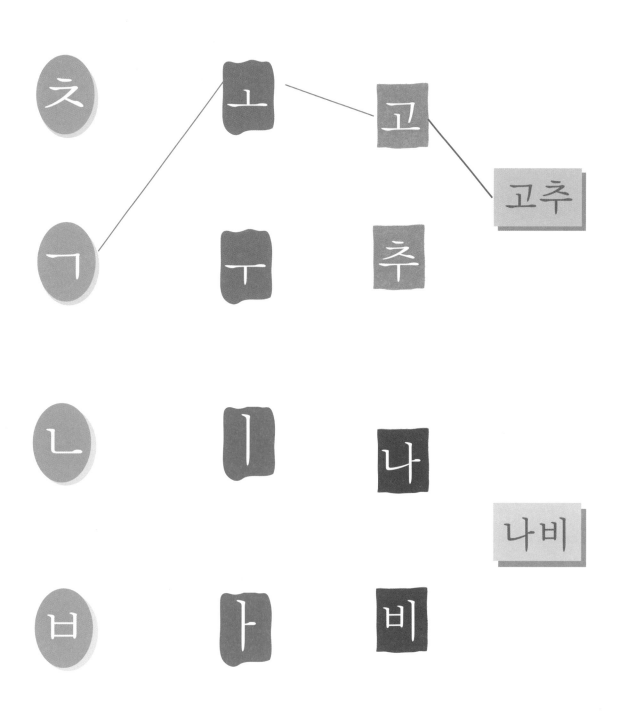

엄마가 들려주는 옛이야기-
호랑이와 곶감

오랜 옛날 깊은 산속에 배고픈 호랑이가 마을로 내려와 외양
간에 있는 소를 잡아 먹으려다 윗방에서 들려오는 이야기 소
리를 들었어요. "호랑이가 온다" 하는 소리에도 그치지 않

던 아기가 "곶감 줄까?"하는 말에
울음을 뚝 그치자 호랑이는 그 곶
감은 자신보다 훨씬 무서운 놈인
가보다 생각하고 산 속으로 줄행
랑을 쳤단다.

엄마가 들려주는 옛이야기-
바람과 해

해와 바람이 힘겨루기를 하기로 했어요.
마침 그때 한 나그네가 길을 걸어 가고 있
었어요.
"우리 저 사람의 외투를 벗겨 보기로 할
까?" 해가 대답을 하자 바람이 먼저 시작
을 했어요. 바람이 나그네를 향해 힘차게
불자, 나그네는 더욱 외투를 부둥켜 안